BIBLIOTECA ❂ ERA

CORAL BRACHO *La voluntad del ámbar*

CORAL BRACHO

La voluntad del ámbar

EDICIONES  ERA

Este libro fue escrito con el apoyo del
Sistema Nacional de Creadores de Arte del CNCA.

Primera edición: julio de 1998
Primera reimpresión: noviembre de 1998
ISBN: 968.411.403.6
DR © 1998, Ediciones Era, S. A. de C. V.
Calle del Trabajo 31, 14269 México, D. F.
Impreso y hecho en México
Printed and made in Mexico

A Marcelo
A Lorena y Lucía

I

Desde esta luz

Desde esta luz en que incide, con delicada
flama,
la eternidad. Desde este jardín atento,
desde esta sombra.
Abre su umbral al tiempo,
y en él se imantan
los objetos.
Se ahondan en él,
y él los sostiene y los ofrece así:
claros, rotundos,
generosos. Frescos y llenos de su alegre volumen,
de su esplendor festivo,
de su hondura estelar.
Sólidos y distintos
alían su espacio
y su momento, su huerto exacto
para ser sentidos. Como piedras precisas
en un jardín. Como lapsos trazados
sobre un templo.

Una puerta, una silla,
el mar.
La blancura profunda,
desfasada
del muro. Las líneas breves

que lo centran.
Deja el tamarindo un fulgor
entre la noche espesa.
Suelta el cántaro el ruido
solar del agua.
Y la firme tibieza de sus manos; deja la noche densa,
la noche vasta y desbordada sobre el hondo caudal,
su entrañable
tibieza.

En los valles despiertos

Tus caricias,
sus caudales desatan esta flama, este viento,
abren con sus luces los campos, los despliegan,
los bañan. Las aves rompen el vuelo.
Sus alas, claros cristales,
sus picos suaves y finos, rasgan y dibujan
—en la yerba; en los valles despiertos
que recorren y habitan— paisajes ígneos,
higueras, flores de savias vivas y luminosas,
páramos,
brotes de arena espesa, yermos que la sed,
lenta noche de sal, que el deseo
regeneran: Los ciervos cruzan por los linderos.

Suave luz y directa

Honda planicie
oculta, iluminada; la vasta
serenidad ardiente de tu cuerpo. Valle
de claridad.
Es la ternura
suave luz
y directa.
Delicado y sediento sol sobre el filo del agua.
Es su caricia
translúcida levedad. Llama
pesada y líquida;
derramada cadencia sobre el caudal de piedras. Llama
de brotantes matices,
de inesperados y entrañables matices abriendo nítidos
reverberos. El ágata
nimba el tiempo,
bebe su luz en el brocal del tiempo,
y alumbra allí su intrincado
dintel.
Es la avidez ahondando sus misterios,
sus joviales, florecidos
misterios. Es el amor hurgando
en la eternidad. Y la eternidad es el gozo
y extensiones palpables

con acuciosos sembradíos. Rosas, orquídeas,
árboles encendidos. Es el brillo
fugaz
y discontinuo, y un insondable, antiguo,
sostenido
caudal.

Hilo en una tela de araña

Un arroyo imantado por la brisa y la luz,
un transcurrir cobrizo es el hilo que fluye
en la tela de araña. Charcos de plata cambian
de unas hojas a otras, de unas huellas
a otras sobre la tierra blanda. Te veo cruzar
entre dos líneas. Lo amo,
digo.
Entre dos ramas del azar
fluye el arroyo,
su hilo hechizado por el mar de la luz,
por el licor
de su corriente. Es el agua que embriaga
el atardecer. Es el fuego que fluye
sin cesar hacia el este.   Bajo su fiel
solar
te pienso.

II

Una avispa sobre el agua

La superficie del agua es tensa
para una avispa,
es un sendero múltiple fluyendo siempre
como el tacto del tiempo
sobre la hondura quieta
de un corto espacio.

Corto es el tiempo
en que flota; corta
la distancia en que gira
por incesantes laberintos,
remolinos inciertos, llamas,
y transparencia
inextricable.

Mariposa

Como una moneda girando
bajo el hilo de sol
cruza la mariposa encendida
ante la flor de albahaca.

La brisa

La brisa toca con sus yemas
el suave envés de las hojas. Brillan
y giran levemente.
Las sobresalta y alza
con un suspiro, con otro. Las pone alerta.

Como los dedos sensitivos de un ciego
hurgan entre el viento las hojas;
buscan y descifran sus bordes,
sus relieves de oleaje, su espesor.
Cimbran
sus fluidas teclas silenciosas.

Imagen al amanecer

El agua del aspersor cubría la escena
como una niebla,
como una flama blanquísima, dueña
de sí misma, de su brotar cambiante, de su pulso
ritual
y cadencioso.
Un poco más allá y más allá hasta
tocar las rocas. Lienzos de sol
entre la cauda humeante; lluvia de cuarzo; interno
oleaje
silencioso. Un mismo
denso
movimiento lo centra; lo ahonda
en su asombrado corazón. Profundo, colmado
vórtice.
Renace, tenue, su palpitar. Marmóreo y lento
borbollón luminoso.
Un poco más allá, más allá, su tacto límpido
se estremece. Son remanso
las rocas
a su enjambre estelar, a su incesante,
encendida nieve. Por un momento se cubre
con su seda el jardín. Suavemente
los troncos ceden

y van tendiéndose sobre el pasto;
largas sendas oscuras bajo el tamiz
que inunda el amanecer. Cuando su lluvia
se ha expandido hacia el este
pesan menos las sombras
y los troncos se adensan y se levantan.
Vuelve entonces el arco
a resplandecer. Una llamá reciente nubla la escena,
un olor de magnolias
y rocas húmedas.

Como un acuario

La luz de la tarde escoge algunas plantas
y en algunas de sus hojas penetra.

Como un acuario encendido por sus peces;
como un fluir
de la noche
entre rastros de estrellas,
transcurre
en su quietud
la maleza.

La actitud de los árboles

La actitud de los árboles,
su gesto,
es momentáneo.

III

La penumbra del cuarto

Entra el lenguaje.

Los dos se acercan a los mismos objetos. Los tocan
del mismo modo. Los apilan igual. Dejan e ignoran
las mismas cosas.

Cuando se enfrentan, saben que son el límite
uno del otro.

Son creador y criatura.   *cfr. Saussure*
Son imagen,
modelo,
uno del otro.

Los dos comparten la penumbra del cuarto.
Ahí perciben poco: lo utilizable
y lo que el otro permite ver. Ambos se evaden
y se ocultan.

Una piedra en el agua de la cordura
abisma las coordenadas que nos sostienen
entre perfectos círculos

Al fondo
Pende en la sombra el hilo de la cordura
entre este punto
y aquél
entre este punto
y aquél

y si uno
se columpia
sobre sus rombos,
verá el espacio multiplicarse
bajo los breves arcos de la cordura, verá sus gestos
recortados e iguales
si luego baja
y se sienta
y se ve meciéndose.

Sobre él discurren con suavidad

En el espejo del tiempo
centellea la conciencia.

Fina serpiente de cristal, rodea las cosas.
Las envuelve, las crea, las fija.

–Se ve mirarse en el reflejo.
Ve su imagen mirar.–

Los movimientos se hacen cautos
y lentos
y van dejando en su discurso fisuras.

Los dibujos que trazan al brillar las fisuras
van reemplazando
el movimiento.

Son subyugantes sus arabescos contra el lomo
del mar.

En él respira su silencio.
Es un espejo el tiempo
bajo el azul: sobre él,

con punzones finísimos argumentan,
sobre él discurren con suavidad.

El hipotético espectador

El hipotético espectador
es complaciente.
Toma, entre dos dedos largos, los argumentos.
Como frutas redondas y luminosas los va ensartando,
uno tras otro,
con ostensiva delicadeza.

Palpa
y escucha.

Todo comienza de nuevo, y el hipotético
espectador vuelve a sentarse.
Vuelven los argumentos, más depurados, más escuetos.
Mira, toca, selecciona otra vez.

Ciñe detalles con dedos cómplices.

De pronto, sin transición,
se hunde en los tonos.
Sigue –ajeno– los gestos,
la actitud del que narra. Se ha esquinado
en el juego.

–El narrador lo siente y se incomoda–

Ve desde lejos sus cejas, su pulcritud
enfática, su boca lenta y callada,
como de pez.

Un desconsuelo mercurial se escabulle
entre las aguas quietas.
Un recelo de nutria,
de roedor;
su brillo alcanza
a tocar las frutas.

Vuelve todo a empezar.
Cambian nuevamente de escena
y de espectador.
Entra. Se sienta.

Piedra en la arena

Juegan los dos con una piedra
que emana luz. Acarician
su tersura,
su densidad sobre la arena blanca. La contemplan,
la cubren. La hacen que gire con suavidad.
De pronto, uno de los dos la arrebata
y la arroja.
Los dos la buscan.
Esa inquietud gozosa
con que ahora nuevamente la miran
vuelve a romperse. Hay que buscarla otra vez.
El que la avienta
la acoge siempre
con grandes voces. El otro
empieza a mirarla ya
como si no existiera.

Que ahorita vuelve

Te hace una seña con la cabeza
desde esa niebla de luz. Sonríe.
Que sí, que ahorita vuelve.
Miras sus gestos, su lejanía,
pero no lo escuchas. Polvo
de niebla es la arena.
Polvo ficticio el mar.
Desde más lejos, frente a ese brillo
que lo corta te mira,
te hace señas. Que sí, que ahorita vuelve.
Que ahorita vuelve.

Una cuerda para cruzar

Uno le tiende al otro una cuerda
para cruzar. El que la pisa
siente
cómo se hunde,
cómo se estira y se ablanda,
cómo cede.

Ve también el abismo,
pero se queda ahí,
pendiendo de ese resorte de palabras
en un muelleo
que entristece
con lapsos ocre.

Largos tirantes lo sostienen,
pero no sólo:

El vacío tiene sus ratos híbridos
e hilarantes, y el rechinido guarda
un incesante fulgor.

De ahí,
puede ver, además,
el mundo
con una capa de plastilina.
Y quizá otros planetas. O el átomo de Böhr
con un contorno de alfileres sobre fondo naranja.
Está bien

ver lo pequeño que es lo grande y cómo
de una fugaz apreciación
o una promesa
que, digámoslo así –y lo crees– no tiene ya
ninguna importancia, se abre el abismo
para jalarla
y reblandecerla desde el plancton festivo
de la evidencia.

Lo elástico te habla entonces,
y desde ahí,
te hundes con él y en él te meces
frente a los amplios acantilados,
hasta que al fin las ves:

Casas pequeñas
y desafiantes contra esas calles,
y entre sus árboles
de juguete.

IV

Detrás de la cortina

Detrás de la cortina hay un mundo de calma,
detrás del verde espeso
el remanso,
la profunda quietud.
Es un reino intocado, su silencio.
Desde el espectro líquido
de otro mundo,
desde otra realidad de sonidos dispersos; desde otro tiempo
enmarañable, me llaman.

Trazo del tiempo

Entre el viento y lo oscuro,
entre el gozo ascendente
y la quietud profunda,
entre la exaltación de mi vestido blanco
y la oquedad nocturna de la mina,
los ojos suaves de mi padre que esperan; su alegría
incandescente. Subo para alcanzarlo. Es la tierra
de los pequeños astros, y sobre ella,
sobre sus lajas de pirita, el sol desciende. Altas nubes
de cuarzo, de pedernal. En su mirada, en su luz envolvente,
el calor del ámbar.
Me alza en brazos. Se acerca.
Nuestra sombra se inclina ante la orilla. Me baja.
Me da la mano.
Todo el descenso
es un gozo callado,
una tibieza oscura,
una encendida plenitud.
Algo en esa calma nos cubre, algo nos protege
y levanta,
muy suavemente,
mientras bajamos.

Argumento

El aire es denso para mí
como el agua.
Mi vuelo es real
porque mi sensación del aire
es real, y la cercanía del piso
lo hace factible.

Los murmullos

Entre sollozos débiles, sin aliento,
subía el callejón de piedras,
azuzada por su hermano, el mayor.
Pocas fuerzas
tenía para quejarse "Ándale" le decía,
"Ándale". Marta (¿se llamaba
realmente así?
¿o es el recuerdo del vestido amarillo,
pálido, también, contra la luz del muro?)
jugaba conmigo en el zaguán de la casa.

[Un día Lorenza nos dijo, entre los macetones,
bordeada por los mosaicos y la bruma de helechos,
que su esposo había muerto
de un dolor de barriga.
"¡De un dolor de barriga! –pensé–, entonces todos
nos podemos morir."
Marta, terca, cantaba:
"Naranja dulce, limón celeste,
dile a María que no se acueste,
pero María ya se acostó,
llegó la muerte y se la llevó."]

No la vi más.
Al día siguiente escuché, aturdida,
frente a mi puerta, los murmullos. Un borbollón
de gente, un bullir amarillo, como de abejas,
rezumbaba y fluía.
Entre la miel espesa de perfumes y luz,
entre el temblor confuso de humo y flores.

Supe después
que mi amiga había muerto. Se había acostado
y había muerto.

En el día me quedaba a contemplar el muro
descascarado a medias
de su casa.
En la noche cruzaba las manos sobre mi pecho,
como las santas.
Así, si me moría de noche, como Marta,
podría irme al cielo.

Atardecer

Bajo los arcos rosados de los portales
quebramos piñones con una piedra,
su carne, también rosada,
ilumina la tarde.

Y si quiero

Dios me ve.
Si digo que Dios me ve, Dios me oye
decir "Dios me ve", y si quiero
borrar lo que dije, Dios me ve
y me oye cuando pienso que quiero
borrar lo que dije, y si quiero borrar
lo que pienso y lo que dije
Dios me oye y me ve.

V

La contraseña

Y esta volcada oscuridad,
sin fondo,
sin medida para el inicio, sin destello final ¿A quién
hacer señas, en el tiempo de quién, en el instante
de quién entrar por un momento? Pedir la rosa, pedir
el signo, la contraseña goteante, el hilo ¿A qué madre
generosa?

(Los niños vierten el lugar, el silencio,
de una vasija en otra. Se desbordan en él,
como entre sedas, a la luz matinal.)
¿Con quién dejar, depositar la prenda para volver?
¿Con quién dejar, como en un juego sin fin,
la contraseña?
¿En qué espacio o en qué vasija;
bajo qué tiempo
soltar la arena?

Un gotear incesante en el perfil de la noche

Una caída lenta.
Un hondo, denso
caer
sin asideros,
sin refugio,
sin voz.
Un indeciso estar cayendo
en lo oscuro.
Como una gota,
como un gotear incesante
en el perfil de la noche. Llueve
la noche y entra por los huecos,
las zanjas.
Hunde
en su oquedad la tristeza
y la infinitud.
Una bóveda inmensa y negra, unas estrellas;
su apaciguada luz.

Sombra

Por la sombra
que formulan los pliegues
sobre el muro de cal
nadie descifraría la forma de esta apacible
cortina azul:
triángulos, fauces, crestas,
estalactitas, bloques agudos
y caóticos.

Triángulo de hierro

Lo enmarca la desolación
y lo tensa
bajo un triángulo de hierro. La mandíbula
está fija,
firme,
y no deja que transmine el dolor.
En el encuadre, el triángulo
cumple una función de equilibrio.

Esto que ves aquí no es

Esto que ves aquí no es.
Alguien te oculta una pieza.
Es el fragmento
que da el sentido. Es la palabra
que altera el orden
del furtivo universo. El eje
oculto
sobre el que gira. Este recuerdo
que articulas
no es. Falta el espacio
que ajusta
el caos.
Alguien jala los hilos. Alguien
te incita a actuar. Cambia los escenarios,
los reacomoda. Sustrae objetos.
Cruzas de nuevo
el laberinto a oscuras. El hilo
que en él te dan
no te ayuda a salir.

Lo que no es
comienza a ser con vehemencia.
Abre y enciende escenas,
las echa a andar. Bajan
los personajes y entran con soltura
a los cuartos. Prenden
la estufa y se hacen un té. Jalan sillas,
se sientan
y platican. Afuera la lluvia arrecia.
No hay paraguas
suficientes. Se quedarán.
Bajo este tiempo sin huellas
pasarán otra noche.   Lo que es
ya no es.

¿Le puedo hacer una pregunta?

"¿Le puedo hacer una pregunta?"

El sol transcurre entre las nubes
como tibia cascada. Estamos encima de ellas,
encima de la tierra y el mar
y el cielo es una vasta
plenitud sostenida. "Una pregunta,
óigame bien:
¿Si a usted,

si a usted le hubieran consultado...?"
Como los ojos suaves de esta niña ante el mar,
como su calma nítida.
"¿Le puedo hacer
una pregunta?"

(Un asiento adelante
el gris luido de la cortina encubre
este mar silencioso.)

Miro sus ojos a contraluz,
fijos e inquietos
y casi secos.
"¿Si a usted...?"

Veo el metal, su perfil,
entre la trama blanca. El azul.
Cambios de matiz, de textura, en el caudal
de la cortina. La cabeza que escucha,
que voltea "¿Quiere algo de tomar?"

Sus ojos, tercos, me ven de frente:
"¿Si a usted,
si a usted le hubieran preguntado
si quería o no nacer?"

"Haga la prueba –me dice–,
pregunte también usted; a sus parientes,
a sus amigos;
¿y usted, sí, usted –ojos ariscos
y brumosos frente al arco de luz–
qué hubiera dicho?"

VI

Con abismada transparencia

Eres el fuego del inicio.
Eres la luz
en el instante sabio
de hacinarse en el agua.
Eres la voz, la transparencia que penetra,
que engendra;
la nota viva y diáfana
que cae,
con el candor de una certeza
en el centro
del alma.

El amor es su entornada sustancia

Encendido en los boscajes del tiempo, el amor
es su entornada sustancia.   Abre
con hociquillo de marmota,
senderos y senderos
inextricables. Es el camino
de vuelta
de los muertos, el lugar luminoso en donde suelen
resplandecer. Como zafiros bajo la arena
hacen su playa, hacen sus olas íntimas, su floración
de pedernal, blanca y hundiéndose
y volcando su espuma. Así nos dicen al oído: del viento,
de la calma del agua, y del sol
que toca,
con dedos ígneos y delicados
la frescura vital. Así nos dicen
con su candor de caracolas; así van devanándonos
con su luz, que es piedra,
y que es principio con el agua, y es mar
de hondos follajes
inexpugnables, a los que sólo así, de noche,
nos es dado ver
y encender.

Luz derramada sobre un estanque de alabastro

Una pequeña piedra transparente
y en ella,
la deslumbrada alegría del sol.
Eres el canto del agua
y entre sus hebras, el canto fresco
de la alondra, el viento suave
al amanecer. Luz derramada
sobre un estanque de alabastro.
Sobre sus aguas:
el azahar
y el jazmín.

La voz indígena

Es un dolor
de voz que se apaga. De voz eterna
y profunda
que así se apaga. Que así se apaga
para nosotros.

Bajo el oro del bosque

Ámbar redondo
y luminoso, conjuga,
enlaza
su voluntad.
Es impulso y sendero. Centro.
Desorbitado aliento. Tiene el peso
contundente de un astro y la transparencia suave,
profunda,
de un estanque despierto bajo el oro del bosque.
El sol hechiza su espesura,
traza sobre su borde signos: ceibas,
antílopes, abismales corrientes,
una cigüeña bajo el manglar. Arde en el cuerpo
con una fuerza desbordada que arrebata
y conduce, con una llama
que señala. Fluida irrupción
de eternidad
es su solidez, su intacto y nítido
designio; savia su lúdica certeza.
Su fuente oculta, su vastedad.
Viento enraizándose en ese bosque,
en esa lava cristalina
como una sal y su aflorado incendio,
como un delirio, y en su avidez, su mar:

un arco límite: ceibas,
antílopes.
Hálito intenso y sopesable, su rapto vuelve
a esta tibieza:
una gardenia, el aire
bajo el ciruelo, tu honda mirada.
Un imán.
Quien lo acoge es llevado, emprendido por él,
es arrancado por su flama. La noche es linde
de su embriaguez.

Abre su umbral el tiempo, y en él despiertan
los objetos. Se ahondan en él
y él los sostiene y los ofrece así:
claros, rotundos,
generosos. Frescos y llenos
de su alegre volumen,
de su esplendor festivo,
de su hondura estelar.

Deja el tamarindo un fulgor
sobre la noche espesa. Suelta el cántaro el ruido
solar del agua.
Y la firme tibieza de sus manos.
Deja la noche densa,
la noche vasta y desbordada sobre el hondo caudal,
su entrañable tibieza.

Índice

VI

Fotocomposición: Alfavit, S. A. de C. V.
Impresión: Fuentes Impresores, S. A.
Centeno 109, 09810 México, D. F.
15-XI-1998
Edición de 1 000 ejemplares